Mathieu Yves Ngouo Nyari

L'INTELLECTUALISME AUX ABOIS

Mathieu Yves Ngouo Nyari

L'INTELLECTUALISME AUX ABOIS

Éditions Muse

Cover image: www.ingimage.com

Publisher:
Éditions Muse
is a trademark of
Dodo Books Indian Ocean Ltd., member of the OmniScriptum S.R.L Publishing group
str. A.Russo 15, of. 61, Chisinau-2068, Republic of Moldova Europe
Printed at: see last page
ISBN: 978-620-3-86554-7

L'intellectualisme

AUX ABOIS

AVANT PROPOS

Pour écrire ce livre, l'auteur s'inspire des enseignements du Révérend SUN MYUNG MOON, aujourd'hui un leader donc le charisme est incontesté, fait savoir par ce livre que, chaque individu est un maillon central dans la gestion des affaires du monde. Chacun doit se sentir concerné par la situation du monde et y mettre du sien pour sauver ce monde qui n'attend plus que nous

Puisse ce livre être pour tout lecteur, un moyen pour comprendre la réalité, et voir ce monde dans un autre angle qui transcende toutes ces limites qui nous ont toujours divisées et séparées. Notamment les religions, les nations, les races etc. Et parvenir à construire une famille, une société, une nation et un monde donc nous avons toujours souhaité du plus profond de notre cœur.

L'auteur :

NGOUO NYARI MATHIEU YVES

CHAPITRE I

Une création est une œuvre qui vient du désir de son créateur d'exprimer sa pensée son sentiment de manière substantielle. Cette création contient un message qui lui donne sa valeur. Cette création peut la conserver seulement si elle obéit aux principes qui lui confèrent cette valeur, de manière à ce que même ceux qui font usage de cette création puissent jouir de ses bienfaits, s'ils observent scrupuleusement les principes liés à la création de cette œuvre.

Toute œuvre et son créateur sont liés par une relation profonde inexprimable. Cette relation est semblable à celle entre une mère et son jeune bébé où l'un ne peut vivre sans l'autre. Souvent des mamans à qui on posait la question de savoir si elles aimaient leurs bébés, il leur manquait des mots pour dire leurs sentiments, laissant simplement exprimer leurs cœurs. Telle est donc la relation entre la création et son créateur : une relation de cœur.

Le cœur est parfois insondable. Il dit tout bas ce que la bouche dit tout haut. Il est bien vrai que la bouche dit ce que pense le cœur, mais la bouche peut mal interpréter ce que dit le cœur. C'est pour cette raison qu'il est difficile de comprendre réellement la relation qui unit le créateur à son œuvre, à moins de connaitre le principe qui se cache derrière cette relation. Une création est donc une œuvre intellectuelle qui exprime un sentiment dont la motivation vient du cœur. Ainsi, elle est unique en son genre et constitue un tout. Celui qui fait usage de cette création peut trouver une satisfaction très profonde et savourer ainsi les bienfaits de l'œuvre aux caractéristiques multidimensionnelles.

On peut voir que celui qui fait usage d'une création ou d'une œuvre, est lié directement ou indirectement à son créateur selon la position dans laquelle il se trouve. Ainsi une œuvre a la capacité d'unir un ou plusieurs êtres avec son créateur. Elle peut amener tous les êtres y compris son créateur à l'épanouissement total.

Avec une capacité relationnelle si unificatrice, nul ne peut prendre le risque de la saper de peur de compromettre son propre bien être. L'originalité d'une création revêt un caractère envieux au point où on voit son créateur comme un être suprême qui nécessite une attention particulière.

On peut se poser la question de savoir qui est le plus important ou le plus puissant. Le créateur ou la création, ou l'œuvre créée, ou encore l'utilisateur ?

D'amblée on voudra répondre en disant que c'est le créateur. Si tel est le cas, la relation entre la création et celui qui en fait usage ne sera que formelle ; dont dépourvu de tout sentiment venant du cœur. Alors le but escompté ne sera pas atteint. Ce qui fait que la création ou l'œuvre perdra sa valeur parce que l'utilisateur pourra faire d'elle une sorte de chose qu'on désire quand on est dans la situation de vouloir satisfaire un désir, et dont on se défait une fois le désir satisfait. L'observance des principes étant la voie qui conduit à l'épanouissement, la relation entre le créateur et l'utilisateur sera surement entamée.

Comment peut on apprécier une relation qui au préalable devait unir le créateur et l'œuvre, l'ouvre elle-même et son utilisateur, et qui finit par être dépréciée. Le créateur ne pourra qu'avoir un cœur brisé, l'œuvre elle-même bafouillée et celui qui en fait usage un souffreteux. L'œuvre subira parfois des transformations qui peuvent mettre en danger la vie même de ceux qui s'en servent. Ces changements, le plus souvent sont dus à l'ignorance de l'utilisateur qui ne vise qu'à satisfaire un but individuel, restreignant la félicité qu'offre l'œuvre à satisfaire le désir originel de son utilisateur au maximum et l'amener lui et son créateur à une sorte d'extase illimitée.

Maintenant nous ne pouvons pas non plus facilement dire que, c'est celui qui fait usage de l'œuvre qui est le plus puissant, encore moins l'œuvre elle-même. Quant à savoir d'où vient la force qui donne à l'objet la capacité de s'unir à son créateur, on comprendra qu'il n'ya qu'une seule force qui unit. Lorsque cette force n'est pas établie la décadence est surement programmée, et l'harmonie en pâtira. D'où l'apparition des crises pluridimensionnelles qui annihilent les efforts des hommes à trouver satisfaction du désir escompté et de s'en réjouir infiniment, en savourant bien évidemment les bienfaits qu'offrent les choses créées.

En réalité on peut voir que l'homme qui est le principal utilisateur des œuvres créées, connait des problèmes qui se situent à plusieurs niveaux, mais ayant deux dimensions seulement.

L'homme ignorant s'auto détruit par son ignorance. Celle-ci est comme une gangrène qui met la vie des êtres créés en danger amenuisant ainsi leur espérance de vie. On voit alors que, comprendre la valeur des œuvres de la création est d'une nécessité indispensable si l'on veut mener une vie qui porte les fruits de bonheur et un espoir réel.

Il est vrai qu'il y'a deux types de messages que véhiculent les œuvres créées : Un message doux ou faible

Un message fort ou agressif

Le message tel qu'il est véhiculé, peut être interprété de différentes façons selon celui qui l'écoute ou qui le reçoit. Alors, quelle sorte de message peut véhiculer une œuvre créée.

Originellement, toute œuvre créée devait revêtir un caractère merveilleux et irremplaçable. Ce qui veut dire en fait que chaque œuvre véhicule un message doux. Pourtant on peut voir aujourd'hui des œuvres qui détruisent ceux qui en font usage, donnant un caractère destructif aux œuvres créées. On comprend sans risque de se tromper que, c'est celui qui en fait usage qui est ignorant des principes qui régissent l'usage de ces choses ou de ces œuvres. Comment peut-on créer un objet qui ira contre sa propre volonté au point de mettre sa propre vie en danger ? Juste parce que l'œuvre créée ne véhicule qu'un message doux ou faible, elle ne peut donc en aucun cas être une entrave à l'épanouissement de l'homme.

Le message d'une œuvre est fort ou devient agressif lorsqu'on ne connait pas le principe fondamental qui la constitue, et que l'on l'en ignore. Cette création va se révolter de la manière dont elle est utilisée. En ce moment elle va transmettre un message fort qui va probablement nuire à la vie de son utilisateur, de manière à le rappeler à celui qui en fait usage à la norme. Fondamentalement ce message ne peut pas dans un premier instant être destructif même s'il est fort. Il ne donne que l'impression de l'être. Mais en réalité c'est un message qui a une rhétorique douce. Ce qui est en conformité avec l'originalité des principes qui lui confère son droit à l'existence, celui de donner une satisfaction illimité à celui qui en fait usage.

En fait la mauvaise manipulation des principes de l'existence fait en sorte qu'il ait une maladresse dans l'usage des œuvres créées ; tout cela crée des crises multiples. Ces crises qui sévissent le monde en sont des exemples qui démontrent le manque de dextérité qu'a l'homme à porter les humains à savourer pleinement les délices que lui offrent les œuvres de la création, qui n'ont pour seul but que de rendre l'homme heureux

En réalité, aucune œuvre de la création n'existe que pour donner un bonheur limité et personne n'aimerait connaitre un bonheur qui se limite par un accident ou à cause d'un quelconque malheur.

Celui qui manipule donc ces œuvres de la création doit avoir une certaine maitrise de la chose. Plus profondément la fausse manipulation de ces choses pourra causer de manière inéluctable, certains problèmes à tous ceux qui en font usage, entrainant ainsi des conséquences lointaines ou immédiates qui auront certainement des effets très fâcheux sur l'homme et son environnement.

Il est très difficile de saisir la quintessence de tous ces principes si on les connait que partiellement ou de manière erronée. Nous avons surement besoin de vivre une vie heureuse. Seulement nous faisons souvent face à des multiples obstacles. Ce qui est un comble pour l'homme. Ceci est du au fait que nous violons certains principes de la vie. Si donc la vie est un ensemble des phénomènes des êtres, la maitrise systématique de ces phénomènes est fondamentale pour vivre une vie heureuse. Le manque d'harmonie qui règne dans notre monde est caractérisé par les insuffisances, les inégalités, de toute discrimination et d'autres pratiques maquiavéliques sur les quelles se fonde notre monde en rendant la vie plus difficile à vivre pour certains et plus ou mois aisée pour les autres.

Ces crises sont ainsi dues à l'ignorance du fondement des principes régissant la vie et l'existence des choses de la création. Ce qui fait qu'à la longue, ces choses manipulées de manière erronée se retournent aussi contre ceux qui les manipulent. Car chaque être existant a un but absolu. On ne peut nullement pas changer ce but pour un autre qui ne cadre pas avec le désir de cet être qui consiste à donner la joie telle que voulu à sa création. «La façon de vivre » est un art, en est une évidence. Elle n'exclu pas ceux qui font usage des œuvres de la création. Car chaque art a des règles auxquelles il doit obéir. L'irrespect de ces règles le dénature et celui-ci perd son authenticité. L'homme vie dans un univers à lui donner par son créateur et là où il mène une vie aisée. L'homme n'est pas le seul être qui vie dans cet univers. De manière à diversifier les sentiments, les émotions et les biens de faits qui meublent la vie et éviter ainsi une monotonie, l'univers est constitué des éléments multiples qui contribuent à rendre la vie plus belle. Ce qui est important c'est de savoir pourquoi l'univers a été créé et pourquoi c'est à l'homme que son créateur a donner la capacité de savourer les délices. L'univers est un lieu qui regorge tout les éléments qui favorisent le développement harmonieux de tous ceux qui y vivent.

Si l'homme ne sait donc pas pourquoi il vit, sa vie ne serait qu'une tragédie, simplement parce que celui-ci aurait ajouté ou modifié des êtres qui ne pourront pas résister aux principes pervertis. Ce qui tord les fondements originaux sur lesquels est fondé l'univers. Le revers de ces perversions a souvent été lent mais très violent. Parce que l'univers est constitué d'énergie, cette énergie n'a pas été créée pour être confinée mais pour circuler en conservant toute fois le principe qui la constitue. Le fait de vouloir lui donner une autre direction ou une autre volonté qui vient contredire celle qui est la sienne va l'amener à expulser ces forces négatives. Forces qui œuvrent à la destruction ou la suppression totale ou partielle de l'épanouissement des humains.

Dans une station aéronautique, le lancement d'une fusée nécessite une grande puissance pour la propulser. Et personne ne peut s'y approcher au risque de perdre sa vie. Cette force est nécessaire pour permettre à la fusée d'atteindre son objectif. C'est de la même manière que l'univers créé expulse toutes les forces négatives qui s'accumulent pour le suffoquer. Que deviennent donc ces forces négatives expulsées ? Elles ne s'évanouissent pas dans la nature. Ces forces négatives vont d'une manière ou d'une autre influencer la vie des humains et des autres êtres, amenant ceux-ci à subir une sorte de torture indescriptible qui en fait est la souffrance, dont le mot le plus approprié pour la qualifier est l'Enfer.

« Rien ne se crée mais tout se transforme » l'Enfer est donc le nom que l'homme lui-même a donné au monde dans lequel il vit, monde qui a vu le jour à cause de la mauvaise manipulation des principes par des pratiques orthodoxes. Ces forces négatives expulsées ne pourront pas tenir tête à la loi universelle, et devront de toutes les façons se restaurer et s'adapter aux règles gérant l'univers. La création d'un nouveau monde passe par la transformation des humains, ou mieux à l'adaptation de ceux qui font usage des choses créées, aux principes qui fondent leur existence. Réalisant ainsi ce que les religions appellent « paradis ». L'univers est une œuvre qui exprime le cœur et l'esprit de son créateur : le cœur exprimant l'amour que son créateur a investi pour sa réalisation. Cet amour est comme un amour que deux amoureux écrivent ensemble et ne peuvent pas détruire à n'importe quel prix, parce que cela serait leur demander de s'auto détruire, ou de renier leur amour.

Ce qui veut dire que l'univers et son créateur existent l'un pour l'autre. C'est une histoire tellement originale dont la profondeur paraitrait insondable au vu de la relation qui existe entre eux.

L'esprit quant à lui exprime la dextérité avec la quelle le créateur a rendu opérationnelle l'expression de son cœur. Ainsi l'esprit et le cœur sont très important dans la compréhension de la manière donc fonctionne l'univers ; comment inter agir avec lui et son créateur. A moins de comprendre ce qu'expriment le cœur et l'esprit du créateur, on ne peut pas non plus saisir la quintessence du message que véhicule l'œuvre de sa création

L'univers n'attend de l'homme, seulement que de comprendre l'importance de s'unir au cœur et à l'esprit du créateur et de recouvrer ainsi ses lettres de noblesses, permettant à l'univers tout entier de le célébrer, parce que celui-ci exhalera un parfum enivrant de joie pour son créateur. La joie exprime un sentiment de bonheur de réussite. Ce qui excite toutes les cellules du corps et fait plaisir à celui qui la ressent.

Cette joie, on veut la garder éternellement et ne plus se séparer. Nul n'aimerait changer ce que l'on ressent en ce moment contre autre chose. C'est cela l'amour : on ne peut pas remplacer ce qu'on aime par autre chose. Lorsqu'on est rejeté par celui qu'on aime, ou qu'on le perde, la vie semble être banalisée parce qu'elle a perdu sa valeur. Ainsi sans l'amour la vie est toujours orientée vers une fausse direction. Elle finit par être pleine de tristesse. La vie n'a pas été faite ainsi. Mais parce que l'homme veut assujettir les principes de la vie et de l'univers afin de le contrôler en les manipulant simplement, elle devient une sorte de cacophonie, qui va faire en sorte que les plus susceptibles passent de vie à trépas sous le fait du fardeau que leur impose cette vie moribonde.

La vie ne peut pas être vécue en évitant simplement de recevoir les coups violents qu'entrainent ces objets qui ont subits des transformations négatives ou erronées, parce qu'ils sont chargés d'éléments qui contiennent une énergie néfaste. Cette énergie est dégagée par ceux qui la fabriquent et elle devient destructive et meurtrière. Elle peut aussi provenir de l'univers qui lui, refuse de subir les tortures qu'on lui inflige. Il réagit donc en rejetant cette fausse énergie et crée des catastrophes qu'on attribue le plus souvent à la nature. Comme pour dire que ces choses que nous n'arrivons pas à expliquer qui nous arrivent ont parfois une issue mystérieuse inconnue des hommes.

La loi est faite pour que les êtres vivent en harmonie entre eux sans exception. L'observance de ces lois par les êtres leur donne de mener une vie merveilleuse où chacun Sant la nécessité de ne pas heurter les autres quelque soient leurs niveaux ou positions. C'est pour cette raison que si tout le monde était égal devant la loi, cessait d'être un simple slogan creux, le monde deviendrait un véritable paradis. Car la loi est faite pour protéger les hommes.

L'univers est créé avec une complexité de compartiments qui est la demeure éternelle de l'homme. Puisque celui-ci a deux dimensions, elle procure à l'homme qui lui aussi est bidimensionnel une vie parfaite sans qu'il ne lèse l'une des dimensions qui le constitue. La dimension physique de l'univers est constituée de tout ce qui est physique. Et elle est régie par les lois physiques qui tiennent leur origine dans le cœur et l'esprit de son créateur. L'univers a tout ce qu'il faut pour protéger l'homme afin qu'il ne lui arrive aucun malheur. Le seul malheur qui peut lui arriver ne peut qu'être fabriqué par l'homme lui-même. Telle est la nature de l'univers de porter l'homme pour l'éternité. C'est pour cela qu'il ne peut rien lui arriver à l'homme sans qu'il en ait été averti ou qu'il en ait eu un pressentiment. Donc tous ces moyens de communications se trouvent dans l'univers et fonctionnent en faveur de l'homme.

Alors, l'étude des lois physiques qui focalise les attentions de l'homme le rend vulnérable ou insensible à la réalité invisible qui joue un rôle prépondérant dans le fonctionnement des principes universels. Bien que l'homme ait le désir de se protéger, il le fait en torturant les lois universelles et fabrique les amulettes. Comme pour démontrer les insuffisances qu'a le monde à le protéger, faisant croire que l'œuvre de la création dont l'univers, souffre des incohérences devraient être corrigées même si cela déforme sa nature originelle au caractère absolu. On crée des formules ayant un pouvoir limité et en faire un théorème pour peut qu'on l'ait vu fonctionner. Mais ce n'est que illusoire même si on est euphorique.

La dimension extérieure ou physique de l'univers ne peut se mouvoir que selon les dispositions du cœur et de l'esprit de son créateur. Ces deux éléments qui sont l'esprit et le cœur sont intérieurs et ne peuvent être mesurés par des paroles qui sont extérieures et parfois dénués de la profondeur qu'expriment ces deux éléments. Ce qui semble véritablement mystérieux c'est que la dimension intérieure demeure inconnue par la plupart des humains. Pourtant tout vient du créateur de l'univers. Etant donné que lui-même est spirituel, intérieur, il faut en déduire que tout tire son origine au niveau intérieur. Ainsi le monde physique n'est que la manifestation visible du cœur et l'esprit de son créateur. On ne peut donc pas vivre dans ce monde physique sans savoir que son origine est intérieure. Tous les principes qui régissent l'univers notamment le monde physique ou extérieur et le monde intérieur ou spirituel sont tous d'origine intérieure.

Mais l'homme a plutôt tendance à faire plus attention à ce qu'il voit dans le monde des effets. Ce qui le fourvoie dans sa vie au quotidien.

Le trésor de l'homme se trouve dans son aspect intérieur. Ainsi est faite la vie. Vivre heureux consiste à être en harmonie avec ses intérieurs ; en le faisant, on parvient à conquérir son créateur et tous peuvent s'exprimer de la même manière et parler le même langage. L'univers et son créateur attendent de l'homme de changer sa façon de vivre qui est aux antipodes à la normale. Il faudra pour ce faire revoir toute sa vie la renier et la refaire. Les religieux l'appellent un homme nouveau, les philosophes et les hommes de science l'appellent une nouvelle créature. C'est cette nouvelle créature qui vivra dans le monde qui connait aujourd'hui autant de catastrophes et des crises, signes qui montrent que le monde est entrain subir des transformations pour se libérer de l'énergie négative qui s'est accumulée au fil des ans depuis que celui-ci a commencé à être l'objet d'expérimentations hors principe de l'homme.

Aucun homme n'a le pouvoir d'arrêter le déclanchement du pouvoir revanchard de l'univers. De la manière dont le cœur répugne tout ce qui lui donne le dégout, l'univers le fait autant pour répondre aux exigences du cœur. On ne peut pas tromper son propre cœur, même si l'homme a réussi à corrompre le sien, au point où il digère même ce qui le consume à petit feu sans toute fois y remédier définitivement. Le cœur originel qu'a conservé l'univers rejette parfois avec violence ces immondices et cherche toujours à protéger l'homme malgré tout.

Croire ou ne pas croire à ces réalités fondamentales ne modifiera jamais le principe qui régule l'univers, et le fait que l'esprit et le cœur de son créateur sont un message, qui s'exprime à travers lui. L'univers se rebelle contre les pratiques qui heurtent le cœur de son créateur.

Les problèmes de l'homme comprennent deux dimensions bien que se situant à plusieurs niveaux. La dimension intérieure qui est initiatrice et celle extérieure qui est la réflexion des intérieurs. C'est-à-dire l'existentiel et le relationnel. Il faut d'abord exister afin de pouvoir entrer en relation avec les autres. L'existence définit quel type de relation et quel genre de vie on doit mener. Si les humains venaient à savoir pourquoi ils existent, ils entretiendraient des relations constructives basées sur le cœur du créateur avec les autres. L'homme comprendra que sans les autres il n'aura avec qui inter agir, afin de donner alors une direction ou un sens à la vie.

Bien que les droits de l'homme reconnaissent que tout homme a droit à la vie, l'univers, lui, le sait depuis le commencement. Et c'est pourquoi il pourvoit tout ce dont l'homme a besoin pour sa vie, et ceci de manière illimité. On comprend que tout ce qui existe a une valeur qui lui est propre et indéniable. C'est cette valeur qui fait en sorte que l'être soit précieux et très cher pour son créateur. Ignorer cette valeur c'est du sadisme. La valeur d'une œuvre de la création est immense parce qu'elle est la manifestation du cœur et l'esprit du créateur. On peut donc imaginer la peine et la douleur que le créateur peut ressentir lorsqu'il voit que sa création est traitée avec incongruité même inconsciemment. Alors asseoir les extérieurs pendant que les intérieurs peinent, est semblable à la cachette de l'autruche. Il faut pour cela soigner les intérieurs afin de montrer un visage différent. Soigner les intérieurs ne signifie pas qu'on a une conscience tranquille, mais qu'on est en accord avec le cœur et l'esprit du créateur ainsi qu'avec les principes qui gouvernent l'univers dans lequel on vie. C'est pour cela que, même si les problèmes de l'homme existent seulement à deux dimensions, ils se situent à plusieurs niveaux. Les humains ont beaucoup de difficultés à résoudre leur problèmes dans le fond parce qu'il s'appui sur les problèmes relationnels pour résoudre les problèmes existentiels.

C'est une fausse théorie qui n'a pu avoir un fondement que dans l'ignorance de l'homme des principes universels. Ce qui est un assujettissement pour pouvoir manipuler les hommes les faisant croire que tout se limite dans le relationnel, et qu'il faut faire tout pour avoir une position influente pour subjuguer les autres. On fait tout en donnant un autre sens à la vie et une direction fausse à la quelle l'univers ne se prête pas au jeu des principes et de la norme. L'homme puise son énergie dans l'univers. Il ne peut donc pas être plus fort que lui, même si par moment il se croit être son maitre. Aujourd'hui on croit que pour dominer il faut être influent ou puissant. Alors que la puissance, le pouvoir, l'influence s'appliquent dans le contexte relationnel. C'est les qualités qui ne peuvent pas résoudre les problèmes, mais peuvent plutôt enflammer les relations, tout comme ils peuvent envenimer aussi l'existence.

Celui qui a le pouvoir, c'est celui là qui incarne le cœur et l'esprit du créateur, parce qu'il est uni avec lui par le cœur et l'esprit. Ce pouvoir ne se donne pas mais il s'acquiert après un très grand sacrifice et des investissements énormes. Bref on se qualifie pour avoir un tel pouvoir.

La vie elle-même est faite des conditions qu'il faut remplir pour vivre. A moins de les obéir et les respecter on cour le risque d'handicaper sa vie. Ces conditions sont en fait les principes de l'existence qui donne droit à la vie. Et l'univers protège la vie des gens qui accomplissent ces conditions. En réalité rien n'est inconditionnel. Recevoir le pouvoir c'est remplir les conditions pour le recevoir. Et quand on le reçoit on est capable de donner une orientation à la vie. Puisque dans la vie il n'existe que deux directions, la vie prendra la direction qu'on lui aura donnée. Pleine de joie si la direction est bonne et pleine de tristesse si elle est fausse. L'homme quant à lui tergiverse par rapport à quelle direction donner à sa vie. Le contexte dans le quel il se trouve est discutable. Car entourer de fausses vraies puissances qui résultent de la fausse manipulation des œuvres créées de l'homme qui veut s'améliorer sur le plan extérieur ou relationnel, l'amène à ignorer ses vraies capacités à conquérir ses intérieurs et obtenir un pouvoir éternel, par rapport au pouvoir que l'on obtient par la transformation des œuvres de la création, par des pratiques que réfute l'univers.

Aller contre les principes qui régissent l'univers c'est emprunter une voie sans issue. En le faisant on ne pourra que reprendre le chemin de retour. De cette manière on s'en sort toujours écorché à cause de l'entêtement pour la soif de conquérir le pouvoir par des voies hors principe. L'univers existe pour que l'homme devienne son maitre et l'assujettisse. Devenir le maitre de l'univers demande à ce que l'homme lui même soit déjà assujetti par son créateur. Ainsi il va traiter les choses créées avec amour et respect pour son maitre. L'un vivra pour l'autre et vice versa. Le pouvoir se transmet de maitre à sujet. Il ne peut donc pas s'arracher parce que ce n'est pas la voie du principe. Cependant il doit se conquérir dans le strict respect des règles préétablies.

Le pouvoir selon sa définition originelle n'est pas la capacité de régner sur les êtres comme un maitre absolu, mais de créer les conditions qui favorisent l'éclosion ou l'épanouissement des humains. Cet épanouissement passe par l'incarnation du cœur et l'esprit du créateur de l'univers tout entier. Le cas échéant le pouvoir que l'on obtiendra sera dubitatif. C'est avec ce type de pouvoir que l'on fait le paraitre ou le semblable. Tout le monde est égal devant la loi, signifie que tout le monde doit observer les principes et que tous ont les mêmes devoirs et les mêmes droits. Et l'univers a le droit de se maintenir si toute fois il observe ces principes. En fait, le fait que l'univers subisse des torts et qu'il réagisse autrement que par la manière rude est qu'il veille aussi à la préservation des droits de l'homme. Se créer son propre univers à lui c'est également créé ses propres lois. Se sera cependant un micro univers. Son existence court le risque de se faire absorber par la macro univers. Et le créateur du micro univers ne pourra que se soumettre aux exigences de ce dernier.

Au regard de tout ceci, on voudra dire que tout est vanité, simplement parce qu'on a fait du virtuel le réel en considérant les futilités comme précieuses. Comme pour dire que la vie n'est rien. Pourtant la destruction d'un être par suicide, par meurtre ou par accident est réprimandée par la loi. Si donc l'homme enlève la vie à soit même ou aux autres, c'est parce qu'il n'est pas protéger par cette loi. Ce qui veut dire que la loi elle-même est manipulée par les hommes. Pourquoi cette contradiction entre ce qu'est la loi et ce que fait la loi ? Si la loi est faite pour protéger l'homme elle le détruit au contraire. Ainsi l'homme subit la loi au lieu de la vivre.

Le problème relationnel est très dangereux si on ne le maitrise pas dans son contexte existentiel. Il crée des rivalités et des crises très graves. Cependant, le fonctionnement de l'univers ne lui permet pas de digérer certaines pratiques qui sont une entrave pour le bonheur des êtres. Sa nature à sa création était bonne et le demeurera éternellement. L'immaturité des uns et des autres crée beaucoup de difficultés à la vie. Tous ceux qui vivent dans le monde subissent inévitablement les conséquences des effets pervers de ces luttes de positionnement de façon consciente ou inconsciente d'une manière ou d'une autre. Puis que l'univers ne crée de telles choses, chacun en paye le prix.

L'homme n'a jamais compris pourquoi il doit se livrer lui-même un combat afin de s'auto transformer, que de le livrer contre les autres pour les transformer. Le processus normal est qu'il faut d'abord se transformer soi même afin de transformer les autres. On devient ainsi un modèle pour les autres. Cette mutation peut devenir un canevas pour atteindre un certain objectif.

Tout ce qui est constructif est épanouissant et conduit au bonheur. Et l'univers contient tout ce dont l'homme a besoin pour transformer et vivre une vie heureuse parce que tout ce qu'on construit donne la joie. Car dans la construction on y met le cœur et l'esprit. Puisque l'univers a horreur de tout ce qui est corrompu, ce que l'on construit avec un cœur et un esprit corrompus, ne peut pas donner la joie. C'est pourquoi le cœur et l'esprit sont les éléments qui déterminent la qualité d'une chose tout en lui donnant un sens pour son existence. Maintenant quand on regarde la vie dans cet angle, on peut voir qu'elle nous réserve bien des belles surprises. Puisque l'univers est constitué de deux réalités, l'une étant intérieure et l'autre extérieure, l'homme gagnerait à s'unir aux principes universels au lieu de créer des lois qui contredisent les réalités universelles puisque celles-ci divisent détruisent au lieu de construire pour unir. La remarque est que l'ennemi de l'homme c'est l'homme lui-même. Il s'auto détruit par son appréhension erronée de la vie. Mais comment l'homme peut il combattre lui-même ? Comment l'homme peut il se flageller ? Cela passe par le reniement de soi. La réalité psychosomatique de l'univers aussi bien que celle des humains leur permettra de recevoir le soutien du premier, créera un environnement agréable. Parfois l'homme tâtonne lorsqu'il doit prendre une décision. Ce qui démontre ses limites à dompter l'univers qui lui est très organisé et où il n'ya pas d'à peu près. L'univers est fait de telle sorte que l'harmonie qui y règne ne peut causer aucune catastrophe qui pourrait mettre la vie des humains en danger. Même si aujourd'hui on connait des multiples catastrophes il faut reconnaitre que c'est l'homme qui consciemment ou inconsciemment est à l'origine de toutes ces catastrophes. Tout simplement parce que c'est l'homme qui les provoque quelque fois par ignorance. Puisque l'univers a été créé pour garder éternellement son caractère harmonieux, il essaye donc de réagir violemment à la manière dont les humains veulent le traiter. Peu importe le temps que cela lui prendra pour agir. Parfois ses réactions sont très fortes parce qu'elles doivent atteindre toute l'humanité, même si tout le monde n'est pas touché à la fois, les hommes sont une famille et doivent par conséquent vivre en harmonie. Si un membre est frappé, cela ferra prendre conscience aux autres. L'univers pense dont qu'en agissant d'une certaine façon, les hommes pourront appréhender son désir de leur faire comprendre raison, et de les faire revenir aux bonnes mœurs.

CHAPITRE II

L'histoire humaine montre comment l'homme est parti d'un niveau plus bas au niveau élevé sur tous les plans. Le niveau social a évolué de manière ascendante, jusqu'à atteindre le niveau où il se trouve aujourd'hui, en partant de l'archaïque au moderne. Bien que ce soit l'œuvre de l'homme, on doit reconnaitre que cela c'est fait avec le concours de l'univers qui a toujours voulu que l'homme vive dans un monde de rêve.

L'homme, parce qu'il agit et pense, il connait ce qui est bien pour lui ; c'est pour cela qu'il va murir sa pensée pour développer son environnement. Ce développement suivra plusieurs étapes. Et chaque étape correspondra à son niveau de développement intérieur qui est en réalité influencé par sa relation avec l'univers et par là même avec son créateur. C'est pourquoi les inventions sont beaucoup plus intérieures ou spirituelles. Mais puisque l'homme tâtonne encore dans ses choix, certaines découvertes ont souvent été contestées pas seuleument parce qu'elles sont fausses, mais aussi pour combattre l'inventeur.une sorte de lutte d'intention ou de position qui a parfois tué l'esprit créatif. Bienheureusement, l'univers a horreur du vide. Etant donné qu'il a été fait pour être habité, il a toujours suscité des personnes pour y vivre et crée des conditions favorables pour leur épanouissement et leur bonheur. Pour arriver au bonheur, l'homme doit être opiniâtre dans l'accomplissement du désir qui l'anime profondément. Même si l'on est combattu, rien ne peut arrêter l'épanouissement des êtres, ou l'accomplissement du développement pour l'épanouissement des êtres.

Trois secteurs animent la vie des hommes dans ce monde. Parmi lesquels deux ou même tous les trois ont une influence sur la vie de l'homme au quotidien. Il s'agit de la religion, des commerces et les politiques. Ces trois sphères ont un impact sérieux dans le développement des hommes. Elles peuvent donner à leurs vies une direction bonne ou mauvaise selon la façon dont elles sont appliquées.

C'est ainsi que la providence a suscité certains individus pour palier à certains manquements afin de rehausser leur niveau de vie. Ceux-ci se sont révélés à plusieurs niveaux. Les intellectuels se sont succédés les uns après les autres pour donner un nouveau visage à la vie des hommes. L'intellectualisme s'est ainsi développé pour donner à l'homme de sortir de sa léthargie. Etant donné que l'univers fonctionne de manière continue, il a besoin d'atteindre le niveau le plus élevé de son expression à donner à l'homme le bonheur extrême, lorsque celui-ci obéit effectivement aux critères d'un tel accomplissement. Ainsi le fait que l'homme retarde cet accomplissement met l'univers dans les conditions très incommodes. Alors celui-ci réagit souvent comme pour conscientiser l'homme. En raison de la diversité des œuvres de la création et des multiples caractéristiques qui constituent l'univers, les êtres créés en général et l'homme en particulier a plusieurs domaines où il excelle. C'est ainsi que l'on verra apparaitre les hommes de science, qui avec érudition ont apporté un autre visage au monde ancien. Les philosophes eux, ont essayé de donner une certaine direction à ce monde. Grace à eux les systèmes politique et économique sont apparus et se sont développés. Les religieux, quant à eux veulent que les politiques et les commerces se fassent avec une certaine piété. C'est en fait la base de toute religion aujourd'hui.

En réalité quand on observe ces trois sphères, on peut constater que les hommes qui sont à leurs origines sont absolument providentiels. L'homme doit faire avec elles et doit s'y adapter. Bien qu'il ait des personnes qui ne croient en aucune religion ni à aucune divinité, elles sont néanmoins influencées par cette providence qui a suscité ces érudits. Ceci les amène à se soumettre d'une manière ou d'une autre aux exigences de l'univers. Nul ne peut donc échapper à la réalité universelle. Même si on essaye de se soustraire à cette logique, la finalité est que l'on finit toujours par être happer par ces réalités universelles. Les idées qu'émettent les hommes peuvent avoir plusieurs motivations. Et celles qui éclos ont également une influence positive ou négative sur les hommes. C'est pourquoi les révolutions naissent ; celles ci ne sont que l'expression de l'univers qui rejette une certaine pratique. Et lorsqu'on regarde plus clairement, ces révolutions ont façonné la vie économique, politique et religieuse, puisque c'est elles qui créent ces métamorphoses. En fait les religions les économies les politiques sont pratiquées de manière très individuelle. Etant donné que toutes ces trois sphères œuvrent à donner à l'homme un cadre de vie agréable, elles doivent s'unir pour que ce cadre soit en harmonie avec lui-même et avec les hommes. Au lieu qu'ils soient uni, on s'en sert pour s'imposer ou pour dominer et assujettir.

Le développement scientifique et technologique a contribué au développement industriel, qui a influencé le commerce. Mais tout cela doit se faire selon les règles universelles. Celles-ci veulent que tous les hommes bénéficient de ses bienfaits. Ces hommes de science n'ont pas fait ces découvertes pour eux même, mais pour tous les êtres. Les retombées de ces trouvailles doivent donc bénéficier à tous, quelque soit l'endroit où l'on se trouve. Ceci répond au désir de l'univers qui veut que tout le monde prennent part au bonheur qu'il apporte.

Trouver la formule juste qu'il faut pour conduire l'économie à ce niveau ne semble pas relever de la connaissance des hommes aujourd'hui. Tout simplement parce que l'univers a horreur des faux dompteurs. L'univers veut les hommes qui le soumettent selon les principes qui sont les siens. C'est-à-dire les principes selon les quels il fut créé. C'est pour démontrer le caractère absolu de ces principes donc la manipulation ne peut pas changer la valeur. C'est pour cela que, l'économie aujourd'hui connait beaucoup de péripéties. Les industries sont de grande facture et produisent les résultats élogieux. Malheureusement l'économie dans notre monde connait beaucoup de problèmes. Les insuffisances ne peuvent pas venir des industries, mais de ceux là qui les gèrent. En fait l'univers est très équilibré si bien que cet équilibre lui donne une certaine stabilité éternelle. On peut le voir à partir de la pression atmosphérique. Lorsqu'une basse pression apparait une haute pression se crée automatiquement. L'univers n'a pas été créé pour subir des crises. Cela le détruirait. C'est pour cela que, quand il lui arrive d'en être victime de celle-ci, sa réaction est presque fatale.

Cet exemple de la pression atmosphérique devrait être pratiqué dans le secteur économique. Le développement économique aiguise les soifs. Ces sensations créent des préjugés et des rivalités. Certains se basent sur l'économie pour se positionner ; mais c'est une tactique erronée. Elle ne marche pas dans cet univers parce qu'elle tient de l'abstrait. L'économie a perdu sa valeur parce qu'elle ne répond pas à la logique à la quelle elle tient son existence. Elle a tout donné mais en souffre parce qu'elle n'arrive pas à s'exprimer dans sa totalité. La mauvaise manipulation des lois économiques qui veulent que tous bénéficient des retombées technologiques et industrielles crée un blocage et fait qu'il ait des mécontentements. Ce qui afflige l'univers. L'économie, la politique, la religion ne sont pas la raison d'être de l'homme. Alors l'homme ne peut pas faire d'elles le centre de sa vie. On peut donner une certaine direction à la vie. Cependant cette direction doit avoir un centre c'est-à-dire un point de départ. Ainsi on pourra atteindre l'objectif visé. Alors toute activité humaine doit avoir un centre immuable absolu et un objectif à atteindre. Même si on atteint son objectif, à partir du moment où le centre de l'activité n'a pas de base éternelle, la direction est fausse, aussi le résultat sera faux. Au départ on voudra croire que tout va bien, mais à la longue ce résultat commencera à montrer ces limites tout simplement parce que la formule normale n'aurait pas été appliquée.

Chaque personne a le désir de réussir. Ainsi nul ne peut entreprendre une activité et en même temps souhaité son échec. L'activité commerciale passe par beaucoup de méandres de la vie, parce qu'elle doit atteindre tout le monde. C'est une activité qui fait de chaque homme, parti prenante dans l'utilisation des choses créées. Ces choses n'ont pas été créées par l'homme ; elles ont juste subi des transformations à des fins utiles et adapté pour accomplir certains rôles. Fondamentalement on voit en cet esprit créatif est une manifestation de l'esprit du créateur. C'est-à-dire faire en sorte que l'objet transformé manifeste une certaine valeur. Mais lorsqu'on lui adjoint le cœur il porte un message.

La grandeur d'un homme n'est pas le fait qu'il soit grand de taille, mais le cœur et l'esprit qui l'habitent. Ceux-ci se manifestent dans sa vie à travers ses paroles ses actes ses ouvres etc. tout le monde peut devenir un homme de grand cœur. Bien que le cœur lui-même s'exprime à plusieurs niveaux, ce qui est important c'est qu'il s'exprime pleinement au niveau où il se trouve. C'est ainsi que le cœur d'un enfant ne peut pas s'exprimer comme le cœur d'un parent. Cependant, en s'exprimant profondément à ce niveau, l'enfant ou le parent peut atteindre la grandeur. Elle s'acquiert lorsque chacun accepte les principes qui régissent la vie et accepte de les appliquer.

La grandeur d'une personne n'est pas liée à son pouvoir d'achat ou bien à ses avoirs. Le fondement du commerce a une apparence grande, mais dénué de cœur à cause de l'homme. L'Europe fut le continent où vu le jour l'activité commerciale. Celle-ci avant qu'elle n'atteigne un certain niveau, ses pratiques ont causé beaucoup de tort à plusieurs hommes. Ce qui a créé des multiples révoltes. C'est dire que le commerce était entre les mains des hommes au petit cœur. Etant donné que le commerce a été créé pour atteindre les confins de la terre afin de donner un niveau de vie appréciable à tous les hommes, au moment où il est sorti du vieux continent pour les autres, il a été utilisé pour en faire des colonies.

Le commerce c'est étendu par le biais des explorateurs. Ils ont découvert les continents en particulier le continent africain qui a fait l'objet de beaucoup de convoitise. En réalité le développement de l'occident s'est fait en parti avec la contribution africaine. Il est évident que le commerce est l'un des facteurs qui favorise le développement, et avec lui les hommes peuvent briser les barrières linguistique, religieuse, politique, nationale etc. il peut donc amener les hommes à s'unir autour d'un même objectif. Le fait que le commerce ait ce pouvoir de transcender les barrières est en réalité en accord avec les principes qui régissent l'univers créé. Tous les hommes ont les mêmes droits et le commerce s'est disséminé à travers le globe pour répondre à cette logique. Il est vrai que s'est un fait des hommes, mais cela part du fait que l'univers veut conserver un certain équilibre qui garanti le bien être des hommes et leur donne de s'unir autour d'une même culture : celle qui consiste à vivre pour les autres. Le commerce a cette capacité de créer l'harmonie entre les hommes.

L'ignorance humaine à ce principe fait que le commerce soit un moyen de dominer les autres. Car il se fait avec beaucoup de dictature ; ce qui viole le principe originel du commerce. Tout ce que l'homme veut faire doit se faire avec cœur qui est le centre de l'amour. Car l'amour est le même partout, et celui-ci n'a pas de couleur. C'est pourquoi il est universel. L'amour qu'un africain a pour quelque chose est le même qu'un oriental ou un occidental peut ressentir. Et la joie qu'on en éprouve n'est pas africaine asiatique ou occidentale. La colonisation a fait en sorte que les africains partent des certaines croyances à la croyance en un seul Dieu. Malheureusement, celle-ci s'est faite avec beaucoup de violences et la dignité et l'intégrité humaine ont été bafouillés. Ainsi la sortie du commerce de l'Europe n'a pas pu unir les hommes autour d'un idéal ; il a plutôt fait plus de mal que du bien. A cause de cela, le commerce continu de diviser les hommes.

Grace à la science et la technologie, le commerce s'est développé. Avec les nouvelles technologies de l'information et de la communication, les hommes se sont effectivement rapprochés les uns des autres. Le problème c'est que ces objets sont utilisés de manière très extérieure et même désordonnée. L'harmonie ne peut se créer que lorsque le partenaire répond aux attentes de l'autre. Ces choses sont nos partenaires et nous devons les utiliser comme tel. Dans une relation de partenariat c'est le gagnant gagnant. C'est comme une relation d'amour que deux êtres décident de vivre. Dans une telle relation nul ne peut prendre le risque de la saper car tous ont le pouvoir et la force. Cette force leur permet de garder leur équilibre. Pace qu'en amour on vit pour son partenaire et vice versa. Donc nul n'est plus fort que l'autre en amour puisqu'on œuvre pour le bonheur de l'autre. On est donc pas puissant parce qu'on a la force de dominer les autres, mais parce qu'on les soutient. Ainsi on est fort parce qu'on est faible.

Les supers puissances dont on parle aujourd'hui, laissent croire qu'il existe les petites puissances qui leur sont assujetties ou soumises. C'est ce qui crée l'instabilité économique. L'économie qui se développe sur la base du commerce détermine la puissance de certains individus, des nations etc. cette puissance vient de la capacité de ces nations de fabriquer les produits de consommation de toute nature. En le faisant on lui donne à cette économie une certaine orientation. La direction qu'on lui donne aura surement des conséquences sur les peuples de cette nation, et bien évidemment sur les autres nations. La survie d'une nation repose sur la force de son économie. Ces richesses doivent être utilisées de façon à satisfaire son peuple. Le rôle que les politiques jouent au quotidien dans la vie de leurs compatriotes est de donner une certaine orientation à la vie de ceux-ci. L'homme peut ainsi développer sa créativité basé sur ses propres capacités et à son attachement aux principes universels qui sont les principes divins. Néanmoins, il peut se désorienter et entraver le fonctionnement harmonieux de son activité sous l'influence des politiques des religieux du commerce et aussi de la culture. Se sont les sphères qui ont une sérieuse influence sur la vie des hommes. C'est dire qu'elles sont capables de tuer sur tous les plans notamment sur le plan spirituel et physique.

Depuis les temps anciens, la politique a fait son beau chemin. Bien que ce pouvoir ait plusieurs ramifications, il repose sur trois bases. Le législatif, le judiciaire, l'exécutif. Chacun agissant pour garder une certaine sérénité parmi les peuples. Ces trois pouvoirs étaient détenus par une seule personne jusqu'au temps de lumières où ils furent partagés, l'exécutif jouant un rôle prépondérant. Ce pouvoir est détenu par un chef d'état qui est à la tête d'une nation et décide de l'orientation de la nation. C'est ainsi qu'il s'est élevé des dictateurs dans le monde. Des hommes sans scrupule se sont emparés du pouvoir pour faire valoir leur hégémonie. Ce qui est contraire à la loi naturelle, qui malgré les inégalités existantes dans l'univers, garde toujours son équilibre et son harmonie sans qu'il en soit perturbé un temps soit peu. Cependant les hommes ont créé une sorte de zizanie entre les nations et dans les nations, parce que ignorant la réalité fondamentale de la politique. Dans une nation les trois pouvoirs forment un tout qui œuvre à atteindre un seul but celui de donner à l'homme le moyen d'être en harmonie avec son environnement. Mais au contraire ils affligent parfois leurs peuples et ceux-ci sont parfois forcés à chercher un exil.

La direction qu'un chef d'état donne à sa nation dépend de ses motivations politiques, et des croyances aux quelles il est attaché. Ces motivations le plus souvent semblent bonnes. Mais les croyances que l'on tient pour vraies ont également une très grande influence sur la prise de décisions de ces hommes politiques. Tout cela a un impact sur les peuples et la nation en tant que partie de l'univers. Les dirigeants du monde ont plusieurs motivations lorsqu'ils arrivent au pouvoir. Elles partent du fait qu'on veut être à la tête d'un état pour se faire un nom, recevoir les honneurs bref être glorifié. Cette façon d'accéder à la gloire n'est pas idéale. Le pouvoir ne se donne pas, mais il s'acquiert. Pour le dire autrement, on ne vient pas au pouvoir mais on parvient au pouvoir.

Nombreux sont ceux qui ont exercé une position qui leur donnait le pouvoir, ils sont critiqués aujourd'hui, ou alors on parle d'eux en mal. Cependant d'autres sont les hommes de mémoire. Ils sont un symbole pour la nation voire même pour le monde entier. Mais la question est de savoir pourquoi ceux qui exercent ces postes ne mettent pas tout en œuvre pour laisser derrière eux une histoire glorieuse ? Etant donné que tout pouvoir conduit à la gloire, il est mieux de comprendre pourquoi il faut être glorifié.

La glorification est l'étape finale lorsqu'on a réussi à donner satisfaction, répondant partiellement ou entièrement aux attentes des personnes. Alors pour y accéder il faut se sacrifier et donner le meilleur de soi même. C'est le manque de lucidité qui souvent amène certains chefs d'états à confondre diriger et présider. Un chef d'état ne peut que changer le destin de son peuple lorsque celui-ci est triste ou non satisfait. Mais le destin originel des hommes ne peut être changé. En réalité c'est plutôt vers cette direction qu'il faut amener le peuple. Plusieurs systèmes politiques ont vu le jour. Certains se sont avérés complètement essoufflés ou asphyxiés après avoir survécu une certaine époque. A chaque époque correspond un type de système politique qui se détériore et finit par s'éteindre pour que naisse un nouveau système politique. C'est ainsi qu'une pléiades des présidents tristement célèbres ont fondé leur politique basé sur ses systèmes hautement discrétionnaire. Il s'est avéré que le nazi à une certaine époque et le communisme ont fait plus de mal que du bien au monde, même si les démocraties leur emboitent le pas. Les principes fondamentaux de la politique ont été totalement bafouillés ce qui a laissé croire que l'être humain est un instrument dont on peut s'en débarrasser quand on veut et comment on veut. Certaines croyances de nos dirigeants la plus part de temps, tellement extérieures, semblent donner une impression bonne. Mais le plus souvent dépourvues de la racine donc le cœur est l'impulsion. Cependant le cœur qu'on y met n'est pas un cœur originel, mais un cœur corrompu. Même si au départ la motivation était bonne, certains imprévus de la vie modifient ces motivations. C'est ça qui crée l'hégémonie qui semble apprivoiser le monde. On cour un très grand risque à diriger le monde qu'à diriger un aveugle. Ainsi lorsqu'on voit ses motivations modifiés par la force des choses, on essaye aussi de modifier les règles politiques afin de conserver l'hégémonie. Le monde dans le quel nous vivons est très compliqué pour la seule raison que nous avons des sérieux problèmes pour comprendre son fonctionnement. La finalité doit être le but à atteindre. Cependant on ne parvient pas à cette fin par simple figuration, mais après avoir traversé un cours au cours du quel on a bravé beaucoup d'obstacles. Ainsi on parvient à la gloire. Il faut être qualifié pour accéder à la gloire. On ne se la donne pas, et on ne la réclame pas non plus.

En réalité, la célébrité des hommes marque les peuples qui en garde un souvenir, semblent s'éterniser lorsque ceux-ci ont bravé les vicissitudes du à la dictature ou pour leur combat pour une cause saine et salutaire pour les hommes, ou encore pour avoir connu une fin pas très agréable, une fin tragique. Se sont là quelques types d'hommes dont on garde longtemps le souvenir. Pourtant il ya aussi des hommes qui font des belles œuvres louables qui meurent sans subir le martyr et sont vite fait d'être oublié malgré le fait qu'ils aient marqué positivement l'esprit des hommes. Ceci démontre que l'homme est enclin à sympathiser avec ceux qui souffrent, qu'avec ceux là qui ne souffrent pas, même si ces personnes leur ont apporté leur soutient à un certain moment de la vie.

Ce phénomène est universel. En tant que dirigeant il ne suffit pas de donner une direction mais de savoir la donner. Donner peut sembler un acte banale qui n'a pas trop d'intérêt, mais qui peut avoir les conséquences très énormes. Même si ce qu'on donne est précieux cela peut ne pas avoir d'importance pour celui qui reçoit, si cet acte ne touche pas ses sentiments les plus profonds. Ce dont l'homme a besoin il se le créé dans son subconscient. Et pour l'obtenir il créé des conditions qui lui permettent de satisfaire à son désir. Mais s'il l'obtient et n'est que partiellement satisfait, alors son but n'est pas atteint. Tout simplement parce qu'en lui il ya un grand vide. Ce vide ne peut vraiment pas être comblé par le simple fait de recevoir un don. En réalité, le bien être physique comparé aux félicités qu'offre la satisfaction spirituelle est semblable à un homme qui apporte à sa nation une lumière tandis que d'autres se réjouissent de la nation.

Toute activité, quelle qu'elle soit qui exclu la spiritualité est illusoire. Même si l'on croit avoir développé la nécromancie, la spiritualité est une pratique qu'on développe individuellement afin d'entrer en relation avec l'être divin. Bien qu'aujourd'hui, l'histoire nous fait savoir qu'il ya eu plusieurs divinités, certaines se sont vite vu dépassées et aussi leurs pratiques disparues, parce que n'étant pas éternels. Faire sa vie en croyant à n'importe qu'elle divinité ne peut que conduire à la ruine. Parce qu'on construit pour l'éternité, on construit pour toujours au prix des grands sacrifices. Aussi l'homme aspire à la vie éternelle. Par conséquent ce qu'il fait doit avoir une valeur éternelle.

Les hommes politiques ont du mal à se connaitre eux mêmes parce qu'ils croient détenir le pouvoir. Alors il faut savoir qui ils côtoient. Les gens qui sont leurs confidents ne sont pas tombés de la dernière pluie. Se sont les gens qui recherchent leurs marques, et ne sont pas experts dans le fonctionnement des lois de l'univers. Ce qui veut dire que, à moins que les hommes s'imprègnent de ces connaissances, le monde sera dirigé par les mains inexpertes. On peut être rempli de bonne volonté mais la volonté seule ne suffit pas, parce qu'elle peut avoir de motivations diverses. Et là le résultat peut sembler être celui qu'on attendait mais le fond pourra être vide ; par conséquent, ne peut durer que partiellement.

Le vrai développement intègre toutes les sensibilités spirituelles et physiques en vu de le stabiliser et le perpétuer. Tout cela par d'une certaine doctrine à la quelle on croit. Grace à l'acceptation de la doctrine selon laquelle la divinité est unique et absolue, l'occident s'est développé par le truchement de la science et la technologie, tandis que l'Afrique croupissait dans la croyance en d'autres divinités. Mais comme on peut le constater, bien qu'ayant le pouvoir économique, l'occident manque le pouvoir pour résoudre les problèmes du monde. Encore moins de donner une direction au monde. Qu'est ce qui fait que ces nations jadis puissantes soient devenues vulnérables si bien qu'elles ne sont plus à l'abri des crises qui secouent le monde aujourd'hui. On devra se poser la question de savoir si elles ne sont plus puissantes ou bien elles le sont dans un autre domaine rejeté par les lois universelles. C'est que dans l'univers il n'y a pas de dominant dominé. Le fait qu'il ait des forts et des faibles est tout à fait naturel et les forts doivent soutenir les faibles au lieu de les subjuguer. C'est difficile d'atteindre le sommet et se maintenir et nul n'aimerait atteindre le sommet, la gloire et chuter. La politique commerciale puisque c'est d'elle qu'il s'agit, et puisque c'est elle qui favorise la monté des nations sur le plan politique et gouvernemental, ne respecte pas ses lois originelles. C'est-à-dire les lois qui tiennent leur fondement dans la constitution de l'univers. La fragilité des nations sur le plan commercial et économique n'est pas que la science et la technologie ont des problèmes, mais qu'elles sont très mal utilisées. Le méli-mélo qui sévit dans la gestion, l'applicabilité des lois scientifiques fait de la politique soit une science sans âme. Et cela change complètement les données originelles de la politique qui devient un instrument de prise de position et d'influence, complètement dépourvu de toute sensibilité dont le cœur est le siège. Peut-on dire que c'est la situation des pauvres qui influence les riches ou alors, c'est à cause des autres que les riches sont devenus vulnérables ? Cette question peut avoir plusieurs réponses. Toujours est-il que les causes sont lointaines. Puisque l'univers n'est pas créé de façon contradictoire, le fait qu'il ait des contradictions n'est pas un fait naturel, mais qui viennent plutôt de l'irrévérence de l'homme à vivre selon le désir de la nature, qui tient à ce qu'il n'y ait pas d'irrégularité ou d'inégalité dans la distribution des objets de valeurs qui garantissent la vie et perpétuent le bonheur des êtres.

Ensuite on peut aussi dire que pendant des siècles, certaines nations ont pris l'ascendance sur d'autres nations qui sont demeurées presque délaissé. Donc l'invulnérabilité n'est pas qu'on est riche mais parce qu'on s'éloigne de la sensibilité, une réalité du cœur. Les riches le sont pour les pauvres. Mais devenus riches ils s'éloignent des pauvres. Alors la mondialisation ne vient que rappeler aux hommes que tous sont égaux devant la loi universelle. Cette loi veut que tout le monde vive heureux. Certaines dispositions spirituelles ont favorisé l'apparition des événements heureux ou malheureux, mais qui ont eu des causes lointaines ou immédiates. Néanmoins ces causes ont le plus souvent été spirituelles même si apparemment elles se manifestent physiquement.

L'homme est chargé d'énergie qui lui permet d'insuffler à son environnement des vibrations. Et ces vibrations positives ou négatives affectent son environnement. Si l'on défend une cause juste alors l'énergie dégagée est positive. Mais si la cause est égoïste l'énergie dégagée est négative. Toujours est-il que cette énergie affecte les hommes d'une manière ou d'une autre avec des conséquences immédiates ou lointaines. Voilà ce qui parfois échappe à l'entendement des hommes. C'est même pourquoi si on essaie de prévoir certaines choses ou des événements tristes, il arrive que ces prévisions déçoivent les attentes. Pas parce que la nature veut faire souffrir les hommes, mais pour que se manifeste un ordre ou une volonté absolue qui n'a pas été comprise par ces derniers. Et quelque soient les forces qu'on utilise pour empêcher l'avènement de ces moments difficiles, elles ne peuvent qu'être inefficaces. Parce que l'univers ne protège pas les hommes, mais il protège la vie qui est un art. C'est-à-dire qui obéit aux principes.

L'impuissance des hommes politiques à parer à des éventualités n'est pas le fait qu'ils manquent le pouvoir, mais parce que l'univers œuvre à refaire son retard, du à la mauvaise manipulation des lois de la nature et établir un monde idéal qui est le désir absolu de tout être. C'est un phénomène au quel les hommes de science et les hommes politiques ne semblent pas trop faire attention. Au-delà du fait que toutes les nations soient vulnérables à certains maux qui sévissent aujourd'hui, cela n'incombe pas seulement aux hommes politiques mais à tous ceux qui vivent dans cet univers, parce qu'étant parti prenante dans la chose vitale directement. Ils contribuent tous à la non pratique des lois de l'univers. Néanmoins, un leader doit être celui qui organise, qui planifie, qui donne une direction. Ce qui est important dans l'action d'un leader c'est ni l'organisation ni la planification mais la direction. Parce que la direction détermine les deux premières. Alors, étant donné que prendre une direction c'est conduire à une destination précise, il faut que le plan soit un plan céleste, donc immuable et absolu.

La vie veut bien qu'il ait des leaders à tous les niveaux. Et ceux-ci doivent veiller à donner à leurs sujets une direction qui ne viendra pas mettre en péril les lois originellement créées par le créateur qui indéniablement sont le piédestal pour atteindre la célébrité, la gloire. Tout cela est un travail qui demande beaucoup de sacrifices mais aussi une vie spirituelle conforme. Ce qui fait que l'homme ait absolument besoin d'une connexion qui le lie à un standard absolu. La vérité c'est que, un standard doit d'abord apparaitre, et par la suite on le copie pour se mettre en accord avec les règles universellement partagées. Mais il peut arriver que le standard soit critiqué, mise en cause, subisse des modifications. Un tel standard purement extérieur n'a rien à voir avec la réalité car ce qui est réel est unique, intérieure et éternel. Pour cela les leaders et tous les hommes doivent se connecter à un standard absolu de manière à ne pas modifier toujours l'ordre préétabli. Cela perturbe l'harmonie de l'univers.

Originellement, les leaders religieux devraient avoir un certain pouvoir sur les leaders politiques et par ricochet sur les peuples. Montrant que la spiritualité devait être prépondérante dans la vie des humains. Ces leaders politiques leur étaient soumis. Démontrant que c'est le spirituel qui donne une direction à la vie. C'est une hégémonie qui leur était favorable et qui aurait du créé des règles qui mettent l'accent sur l'applicabilité des lois de l'univers. Les religions la plupart monothéistes se sont développées montrant leur capacité d'influencer le monde. Le pouvoir religieux apparait très fort devant les politiques, bien qu'ayant tous les deux le destin des hommes en main. L'un ayant une influence intérieure, spirituelle ou morale et l'autre une influence extérieure, physique ou scientifique sur l'homme. Les religieux et les politiques devraient créer un paradis sur la base du monothéisme qui est cette doctrine qui a développé la croyance en un seul Dieu, créateur du ciel et de la terre. Cette croyance serait un moyen d'unir les hommes autour d'un seul vrai Dieu, et le critère de valeur serait déterminé par la relation que chaque personne entretien avec son créateur. cela pourrait créer une sorte d'esprit d'émulation entre les hommes pour toujours chercher à se rapprocher de son créateur et mieux comprendre son cœur. En le faisant une direction et un sens serait donné à la vie. Même s'il existe deux sens, nul n'aimerait aller dans le sens contraire et compromettre son existence. Les hommes religieux devraient en principe suivre le vrai sens qui donne de la valeur à leur activité. Cela leur permettrait de rester sujets dans leurs relations avec les hommes. Ici tout dépend de quel type de relations ces hommes religieux entretiennent au préalable avec l'être divin, et ensuite avec les hommes politiques et aussi avec les peuples.

Le pouvoir religieux s'exerce à deux niveaux : sur les gouvernants et sur les gouvernés. Donc les hommes religieux ont des moyens de contournement pour faire appliquer leurs règles au quel cas ou, soient les gouvernés ou les gouvernants refusaient d'obtempérer. Mais l'idéal serait que les gouvernants coopèrent avec les religieux pour amener le peuple à obéir aux règles préétablies. C'est un pouvoir qui doit unir les pauvres et les riches, les faibles et les forts, les gouvernants et les gouvernés. Les religieux promettent à leurs fidèles un monde merveilleux un paradis beaucoup plus abstrait. Ce qui les rend amorphes, dubitatifs. Les politiques avec une très grande influence sur les hommes les font souffrir en créant des lois qui violent la dignité humaine sous le regard impuissant des leaders religieux qui semblent ne plus avoir aucun pouvoir sur les hommes politiques. Ce qu'ils font, ils prennent acte et restent sans pouvoir inquiéter ces gouvernants. Les politiques semblent avoir pris l'ascendance sur les religieux. En réalité les religieux et les politiques sont comme l'esprit et le corps. Ainsi quelques soient les capacités du corps à être fort il tient cela de l'esprit. L'esprit est le moteur du corps. Alors, le fait de dire que les religieux soient impuissant vient du fait qu'ils ont perdu les fondamentaux de la religion. Parce que la relation que les hommes religieux ont avec l'être divin, notamment avec Dieu n'est pas celle qui devrait exister. Le Dieu auquel ils croient n'est pas celui qu'ils présentent aux hommes. Il est vraiment très difficile de faire un rapprochement entre le dire et le faire. Est ce une incapacité ou ont ils simplement perdu leurs repères, ou encore ils sont influencés par les hommes politiques qui eux tant bien que mal arrivent à donner un vrai faux espoir aux hommes en jouant avec les mots en tournant la langue même en disant des promesse farfelues. Ce qui n'est pas possible en religion, qui elle demande beaucoup plus de clarté de réalisme de compréhension spirituelle. Ici, l'à peu près devient incontrôlable et la situation devient fatale.

La religion a pour but de réguler l'usage des choses créées, permettant aux hommes d'écouter le cœur du créateur. C'est pour cela qu'elle enseigne la piété aux hommes afin qu'ils les utilisent avec amour pour la joie de son créateur et pour le bonheur des autres. L'univers fut effectivement créé pour que les hommes y mènent une vie de piété, leur permettant de vivre une vie harmonieuse entre eux et avec Dieu afin de construire un monde se paix. Cependant lorsqu'on observe le monde, on constate que les hommes ont perdu toute conduite de bonnes mœurs, délaissant ainsi toute valeur religieuse. La religiosité a reçu un sérieux coup qui l'a complètement asphyxié. Ce coup ne lui a pas été donné par la nature, mais par les hommes religieux eux-mêmes en abandonnant les règles religieuses traditionnelles. Lorsque la secte des nazaréens naissait par l'entremise de Jésus il ya deux mille ans, les hommes y avaient fondé leur espoir en vivant sa doctrine. Ils ont donné leur vie pour la survie de leur doctrine dont ils défendaient chèrement les idéaux. On ne jurait qu'au nom du fondateur à qui on prêtait le serment de rester fidèle toute la vie. Le disaient ils au bout des lèvres ou alors l'élan et l'engouement qui les animaient au départ s'est vite éteint ou bien ils ont dévié à cause d'une certaine influence extérieure qui les a éblouie, réduisant ainsi la doctrine à un culte d'un ritualisme formel non fondé. Pourtant ceux là, victimes de la persécution à Rome pendant près de quatre siècles ont brillé par leur opiniâtreté à garder non violer la doctrine qu'lis ont reçu de leur fondateur, préféraient embrasser la mort que de renier leur doctrine. On peut voir combien était élevée leur foi et leur dévotion à celui dont on appelle christ. Et Grace à cette foi, on peut voir que les fruits ont muri et nombreux sont ceux qui sont fidèles du christ aujourd'hui. C'est un grand travail qui c'est fait en amont. Il est important de savoir quel zèle animait ces chrétiens primitifs. Même si aujourd'hui les chrétiens scandent le nom de Jésus, leur foi en lui s'est complètement affaiblie avec un cœur sans lui. En réalité, l'univers créé ne peut rien faire qui puisse contredire son action. La religion, avec les enseignements qui ont une valeur éternelle participe à cette action qui consiste à donner à l'homme la capacité d'établir une bonne relation avec son créateur. Les hommes se sont levés pour défendre ces valeurs éducatives afin de faire valoir la moralité et la pureté qui sont les qualités d'une vraie vie de piété, ou religieuse. Conserver ces enseignements revenait à conserver l'harmonie de l'univers. Les intellectuels ont excellés sur les sciences et les philosophies ou les courants de pensée qui ont abouti à un schisme à tous les niveaux. Les religions n'ont pas échappé à ce schisme. Ce qui les a fragilisé, les rendant opérationnelle seulement dans la pratique des rites ou d'autres pratiques dénuées de tout esprit religieux. La religion elle-même obéit aux lois naturelles. C'est-à-dire qu'elle doit se tenir dans le contexte qui est le sien. Si elle s'en écarte un temps soit peu, même si elle continue d'exister, elle est vide, morte, vaniteuse. Il n'ya donc aucun doute que les hommes religieux qui se sont succédés aux affaires religieuses se sont détournés ou ont été détourné par les forces qu'ils ne pouvaient pas contrôler, créant une rupture avec la doctrine authentique de la foi originelle de la religion.

Le pouvoir religieux ou mieux le pouvoir qu'ont les hommes religieux sur les hommes, est capable de les changer. Ci bien que même les hommes politiques ne pouvaient pas décider sans que cette décision soit en accord avec la doctrine de la religion. Si tel avait été le cas, il aurait existé une certaine complicité entre les religieux, les gouvernants et les gouvernés. Mais puisque les hommes religieux sont critiqués, on leur conteste leur honorabilité. Ils se présentent comme des arrivistes qui ont marché le chemin des hommes politiques qui croient que le pouvoir donne accès à la gloire. C'est pourquoi aujourd'hui lorsque quelqu'un croit ou adhère à une autre doctrine, on dit qu'il est perdu.

Parce que, les religions et les hommes religieux, sont qualifiés dans l'art de détourner les âmes ou de les conduire à la perte.

Les hommes religieux ont surement créé une autre religion qui n'a pas de nom. La difficulté étant de déterminer de quelle religion il s'agit, puisqu'ils continus de vaquer à la même occupation. Ainsi la vie religieuse peut continuer même si elle ne l'est pas vraiment, et les hommes politiques faire la politique même si elle est complètement désuète. La force des hommes politiques devrait venir des religieux malheureusement la religion n'est plus que l'ombre d'elle-même. Si la religion est l'esprit la politique est comme le corps. Alors si l'esprit est mort, le corps ne survivra pas. La politique telle qu'elle est faite aujourd'hui ne tient d'aucune doctrine digne de ce nom qui puisse la soutenir. Toutes les pensées philosophiques ont épuisé leurs ressources pour essayer de résoudre définitivement les problèmes des hommes. Pendant que certains décrient un tel phénomène, d'autres le soutiennent. La contradiction gagne toutes les sphères destinées à conduire les hommes vers leur destiné commune. La religion a présenté à l'humanité un Dieu créateur très loin d'elle, si abstrait qu'on ne peut pas l'atteindre. Avec ça, la relation entre Dieu et l'homme devient formelle, une relation ponctuelle. Ce qui signifie que leur relation n'est pas fondée sur des bases profondes, sur l'amour. S'est une relation qui s'est construite sur des bases non principe. Les principes qui conduisent à l'établissement d'une relation d'amour ont été bafouillés. L'homme a axé ses pensées sur des valeurs extérieures qui s'acquièrent facilement. Il s'est donc jeté à la facilité qui n'est pas propre à la construction d'une relation durable. Ce type d'amour qu'on tombe amoureux se fane dès qu'on se relève, puis qu'il n'a souffert d'aucun investissement physique où spirituel. On peut effectivement investir physiquement et spirituellement mais si cet investissement n'a pas un départ absolu, un centre immuable sans cœur, ce sera un investissement vain. C'est justement parce que le cœur de l'homme est corrompu qu'il développe d'autres mécanismes qui lui permettent d'atteindre certains buts comme par miracle. Ce qui dégénère des susceptibilités laissant apparaitre l'indignation et la désolation. Cette voie qui viole le principe. Choisir la facilité c'est flamboyer pour s'éteindre peu après. Toute l'humanité c'est versé dans la facilité, faute de vrai soutien spirituel. Les religions ne sont plus faites des hommes qui ne jouent plus que le rôle des figurants, qui ne peuvent plus orienter les hommes. Ils sont devenus tellement astreignant que les hommes politiques leur dictent leur loi. C'est vraiment une ironie du sort pour les hommes religieux qui ont tout perdu au détriment de la facilité. La déculotté religieuse va faire en sorte que le monde n'ait aucune orientation qui puisse garantir la paix et l'harmonie dans l'univers. Parce que l'univers ne va que vomir ce genre de pratiques, qu'elles soient religieuses ou politiques qui n'ont aucune connexion avec le créateur ; bien évidemment en suscitant des hommes qui vont refaire la religion et la politique. De la manière dont l'homme n'aime pas les imperfections, de la même manière l'univers a horreur des hommes qui cherchent à se perfectionner dans l'ignorance et l'incrédulité absurde. Raison pour laquelle il est important de connaitre ces lois et le fonctionnement de l'univers créé pour ne pas se laisser leurrer par des vendeurs d'illusions qui prolifèrent sur terre.

Les hommes religieux en sont victimes et les fidèles aussi. Les hommes payent souvent pour ce qu'ils n'ont pas fait ou pour ce qu'ils ont fait par ignorance. C'est pourquoi il est dit nul n'est sensé ignorer la loi. Alors pourquoi faire payer aux autres un si lourde tribu pour les fautes qu'ils n'ont pas commises. Peut-on voir en cela une injustice ? L'homme a la faculté de distinguer ce qui est bien et ce qui est mal. Mais il est toujours inconscient parce qu'il est happé par un monde qui l'aveugle et le séduit. Ce qui lui fait perdre toute lucidité. Parce que l'univers a pour but de protéger la vie, il ne fait rien sans en avoir averti. Si bien que lorsqu'il décide de vomir son ressentiment, du au fait que l'homme n'arrive pas à renoncer aux pratiques qui ont créé un panthéon au sein de nos religions, il le fait avec rage. Ainsi chez nous on sait que chaque église conduit à la perte. C'est-à-dire elles conduisent les hommes à entrer en relation avec des dieux qui sont en contradiction avec le vrai Dieu, celui dont il est dit qu'il créa le ciel et la terre. Et lorsque la nature crée une catastrophe, les hommes meurent en centaines de milliers pourtant on y compte pas autant d'animaux. Est ce à dire que ces animaux sont plus en harmonie avec l'univers, ou alors obéissent ils plus aux principes universels que l'homme ? Mais puisque l'univers ne protège pas spécifiquement une espèce mais la vie, on comprend que c'est l'homme qui a un problème. Alors si les hommes meurent lors des catastrophes il faut qu'ils cherchent les causes autour d'eux même. Même si la science semble expliquer ces causes comme étant des phénomènes naturels, l'homme pouvait les éviter s'il était autant éveillé que les autres êtres.

Au regard de tout ceci on peut dire que l'être humain est vraiment pitoyable. Car sa vie ne tient que sur un fil. En réalité l'homme doit vraiment prendre conscience. Que l'on reste sourd ou muet aux manifestations et signes qui annoncent le changement de temps ou un évènement, ne changera en rien l'ampleur de cet évènement. L'homme gagnerait en cherchant à distinguer ces changements. Les religions ont toujours annoncés les choses à venir. Malheureusement ces leaders religieux n'ont pas toujours accompagné leurs prédications par la vie qu'il faut pour mieux apprécier ces évènements. Et les hommes qui ont cru avoir atteint leur objectif se voient complètement leurrer. Et le serment qu'on a prêté, où on jurait fidélité absolu fait en sorte qu'on se mette à imiter ce que font leurs leaders pour sauver le reliquat de vie, comme si le serment de fidélité prêté était pour eux ou pour soi même. Quand bien même leur doctrine serait aux antipodes avec la doctrine de leurs fondateurs. A la fin, cette confiance qu'ont les hommes en ces hommes religieux complètement déboussolé prendra fin. Quant aux hommes politiques ils pourront avoir les suffrages de leurs compatriotes avec l'espoir qu'ils vont les orienter vers les bonnes mœurs qui veulent que la vie soit vécue selon certains principes conduisant à la paix, et à l'équilibre moral, gage de la prospérité et du bonheur. Et pour que cette paix ait un esprit et un cœur, les hommes politiques doivent accepter de vivre dans la piété où Dieu est le centre. Ce sera une nouvelle vie religieuse qui naitra. Ce que les croyants appellent un nouveau monde. Ils cesseront d'être critiqués, et traiter d'égoïstes. Car un égoïste est celui là qui exclu le créateur dans la gestion et le partage des œuvres de la création et de ces richesses pour s'en accaparer tout pour lui seule. Alors puisqu'ils ne seront plus les mêmes personnes, mais des personnes nouvelles qui mènent une vie de principe. Et ce sera là la voie qui les mènera à la gloire.

La perte d'une âme est très pénible pour le créateur. La perte d'une âme n'est pas qu'elle est morte physiquement. Les doctrines qu'enseignent les religions dissent qu'il ya une autre vie après cette vie. Mais alors, que signifie donc la perte d'une âme ? On dit de quelqu'un qu'il est perdu lorsqu'il ne peut plus trouver son chemin. On tourne en rond au point où on peut même perdre sa vie physique. Pour donc parler de la perte d'une âme, on comprend que c'est une âme qui a perdu son chemin qui ne peut plus s'orienter. Ce qui revient à dire que l'âme a une vie. Etant donné que la vie est un ART qui a ses règles et ses principes, alors, même la bonté a une direction. On oriente la bonté afin qu'elle ait un but. Et tous les buts qui ne sont pas connectés au cœur sacrificiel, c'est-à-dire vivre pour les autres, sont des buts égoïstes qui n'ont rien à voir avec la bonté elle-même. Les leaders politiques dans ce sens ne sont pas bons même s'ils font les œuvres qui expriment la bonté. Si on se tenait dans la logique originelle de la bonté, nous verrons que nous sommes tous perdus. S'agissant de la religion, fréquenter une église avant de quitter une autre c'est être perdu. Pendant que les fidèles de ces églises là, animés d'une croyance aveugle, scandent le nom de leur fondateur avec frénésie, on pourra dire qu'ils sont perdus. Seulement ces mêmes hommes ne sont pas capables de les orienter. Ils constatent seulement que ceux là sont perdus mais ne peuvent pas les orienter, laissant la providence jouer son rôle de susciter quelqu'un qui portera l'espoir de toute l'humanité. C'est celui là qui déclenche un certain nombre de phénomènes qui ne trouvent pas d'explications scientifiques dans le sens vrai du terme. Dans le christianisme il est connu sous le nom de **christ**, le **messie**.

Le plus souvent lorsqu'une personne en difficulté reçoit l'aide de quelqu'un, elle dit : tu es mon sauveur, ou encore tu m'as sauvé. Indiquant que cette personne a joué le rôle du messie en lui venant en aide. Celui-ci peut désormais mener sa vie normalement. Le nom messie est un nom mystérieux ayant une signification très profonde. Ainsi le messie vient redonner l'opportunité aux hommes de se réadapter aux principes da la création et de vivre par eux. Il leur redonne confiance et ils peuvent avoir espoir. Car « **l'homme vit d'espoir** ». Mais l'espoir que leur apporte le messie est exaltant. Même ceux là dont on dit qu'ils sont perdus et ceux qui ne croient pas l'être, espèrent que le messie vient pour résoudre de façon tout de go les problèmes de l'existence et par là même ceux des hommes. Il semble que celui qu'on appelle messie a des capacités qui influencent positivement l'univers créé ainsi que tous les êtres qui y vivent. Parce qu'il n y a pas d'espoir négatif c'est-à-dire un espoir qui créé le mécontentement. Celui que les hommes portent en lui semble réel. Ce qu'il leur apporte est très précieux. Les deux grandes religions monothéistes ont fait de la venue de celui qu'on appelle christ, le messie, le centre de leur doctrine concernant les derniers jours. Sauf que les leaders religieux ne donnent pas l'impression des hommes qui attendent quelque chose de très précieux. Ainsi tous les signes qui annoncent son avènement semblent trompeurs et les hommes continuent de vaquer à leurs occupations sans trop faire attention à ce qu'ils espèrent.

Tous ces phénomènes qui se produisent aujourd'hui ont des causes lointaines. Et l'univers veut exprimer son désir de réveiller l'homme, à l'amener à prendre conscience, c'est-à-dire de ne pas persévérer dans la médiocrité dans l'ignorance. Car l'heure est arrivée. C'est le message que véhiculent toutes ces catastrophes et ces phénomènes qui alimentent la une.

CHAPITRE III.

La prise des décisions demande une délicatesse extrême. Parce qu'il en va de l'avenir de l'homme et du devenir de l'univers. Un avenir se construit et on le voit toujours positif, parce qu'il donne espoir. Puisqu'on ne fonde pas l'espoir sur ce qui ne donne pas la joie. C'est pourquoi une décision quand on la prend doit tenir compte de touts ces aléas, de l'homme de l'univers dans tout son ensemble.

Une décision prise doit défendre l'homme et protéger la nature. Il ne s'agit pas seuleument de défendre l'homme contre certains dangers qui peuvent nuire à sa vie et à son intégrité, mais surtout le conduire à éviter certaines susceptibilités, certaines bassesses. Les preneurs de décisions doivent éviter de prendre les décisions qui contredisent le bien être de l'homme dans son originalité. Le fait qu'on prenne les décisions pour diriger le monde prouve qu'on est responsable pour ce monde. Parce qu'en fait on lui donne une voie à suivre à travers cette décision. La décision c'est la détermination que l'on prend pour atteindre un objectif, un but. Ceux qui prennent les décisions, en les prenant veulent bien atteindre un but. Mais il faudra que ce but soit en accord avec les règles qui régissent l'univers. Si non elles violeront ses principes et ne donneront pas les résultats escomptés. Les leaders politiques aujourd'hui, hier les leaders religieux prenaient les décisions par rapport à la marche du monde. Ils décidaient de quelle orientation donner à leurs religions. Cependant, ces décisions prises n'ont pas donné la promesse des fleurs. Mais la facilité et la gloire furent atteintes. Une décision a aussi son revers tout comme une médaille en a. les leaders politiques eux aussi prennent les décisions qui la plus par de temps ont un revers non espéré. C'est dire que la décision pourrait ne pas être bonne. Toujours est-il qu'un leader ne peut que prendre une décision dont il croit être bonne. Beaucoup de paramètres sont ignorés dans la prise de décisions. On se limite sur le plan social et environnemental de l'homme. Cependant les insuffisances continues de s'accroitre dans la société. Même dans les pays dits développés, beaucoup de discordances se font voir parmi les habitants de ces nations. On ne peut pas résoudre les problèmes des hommes. On ne peut que créer des conditions leur permettant de prendre responsabilité pour leurs propres problèmes. Toutefois si l'homme ne prend pas responsabilité pour ses problèmes il demeure un nécessiteux. Les manquements dans la prise de décisions sont le plus souvent la cause des problèmes dans le monde. On n'est pas leader par hasard. Un leader est un maitre qui a des sujets en qui ils ont confiance et lui obéissent en toute circonstance. Ainsi être leader ce n'est pas parce qu'on a le pouvoir d'assujettir les autres, mais qu'on a la capacité de les orienter vers l'accomplissement de leur désir le plus profond. Ce désir ne se limite pas seulement à la satisfaction des désirs extérieurs tel que les leaders politiques s'essaient si bien de le faire, mais aussi ceux spirituels. Se sont là les deux dimensions de désirs dont l'homme aspire à satisfaire. Qui qu'on soit, leader ou sujet nous avons toujours ces deux désirs en nous. Même si l'un est latent et l'autre bien éveillé. Ainsi, un leader qui a l'un de ces désirs mal épanouis même s'il a le pouvoir ce n'est que vanité. Si donc les leaders religieux et politiques se trouvent dans cette situation de désirs mal épanouis, c'est que le monde cour un danger réel. Heureusement la solution aux problèmes des hommes ne peuvent pas être résolus sans l'intervention de la providence. Et comme l'univers sait si bien répercuter le message de la providence, les hommes ne peuvent que subir les conséquences de leur opiniâtreté. L'homme est généralement attirer vers ceux qui souffrent pour leur apporter son aide. Mais si on n'a pas connu la souffrance, il est très difficile de savoir comment apporter cette aide aux souffreteux. Les preneurs de décisions prennent effectivement les décisions pour améliorer le cadre de vie des hommes. Mais parfois ils ne savent pas de quoi ils ont besoin. C'est l'homme lui-même qui créée sa souffrance. Et s'il ne réagit pas, celle-ci l'assiège et le domine. La souffrance se partage même quand on sent une certaine aisance. Parce que lorsque les lois de l'univers se manifestent, elles influencent tout le monde directement ou indirectement. Qu'on soit puissant ou moins puissant, nul ne peut y échapper.

Les mots « **façon de faire** »décrivent la manière. Alors dans ces mots, Façon de faire, l'art, l'esprit et le cœur s'expriment de manière exhaustive. C'est à dire qu'ils déterminent ces « mots » Ainsi on peut définir « façon de faire » comme étant un art à travers le quel s'expriment l'esprit et le cœur. Alors s'il faut remédier à la souffrance humaine, il faudra que chaque être adopte une attitude exprimant l'esprit et le cœur dans sa vie quotidienne. Pour ce faire il faudra refaire la relecture de toutes les sphères à travers les quelles l'homme élargit ses relations avec les autres. Notamment les politiques, les religions et les commerces. Car aujourd'hui ces pouvoirs sont manipulés par les preneurs des décisions parce qu'ils y prennent plaisir et en font leurs objets de prédilection. L'homme est un être psychosomatique. Ainsi il a besoin de la nourriture, un abri pour survivre et d'une vie spirituelle pour exister. Cette vie spirituelle passe par une vraie vie religieuse bien assidue. Mais à cause du fait que la religion ait perdu ses vrais leaders, l'activité religieuse est plutôt devenue un ritualisme formel dépourvu de tout caractère conduisant à la piété. Tout simplement parce que les leaders ont perdu leurs repères. Même si on oriente sa vie ce n'est que sur le plan purement extérieur où l'homme se fige sur les aspects de la vie physique. Si les trois pouvoirs fonctionnaient pour le bien des hommes, la religiosité et l'économie allaient être des atouts pour les hommes politiques de réussir dans la gestion des affaires.

Pendant que certains font un développement constructif d'aucuns s'efforcent à le contrecarrer en prenant les décisions qui brisent l'élan des autres. Les preneurs des décisions ne doivent pas seulement prendre les décisions pour améliorer les conditions de vie de leurs compatriotes comme ils le font, mais de prendre les décisions qui élèvent le standard intérieur et extérieur des hommes dont ils ont la charge de diriger. Parce que lors qu'une personne est bien orientée, elle est protégée et peut réussir si tous les éléments sont réunis, et qu'elle les prenne en considération en y faisant bon usage. S'est là qu'intervient la responsabilité de l'homme. Malheureusement nos leaders semblent ne pas vouloir inscrire leurs noms dans l'histoire. Et puisqu'on ne peut pas empêcher l'histoire de s'écrire, il est important que chacun essaie de s'élever au niveau où les générations futures s'en souviendront et célèbreront avec allégresse. Il ya certaines choses qu'il faut croire sans trop se poser de questions. Parce qu'il ya des choses vraies qui échappent à l'entendement humain. Etant donné que nous avons perdu la spiritualité qui devait être originellement pratiquée, nous sommes limités sur ce plan. Cependant, ce qui est vrai est clair et ce qui est claire ne demande pas trop d'explications. Pour ne pas se faire des idées et être confus, il vaut mieux accepter les choses telles qu'elles se présentent, et se laisser orienter par sa propre conscience. En suivant une voie qu'on a cru être vraie et qui à la longue s'avère fausse on peut revenir en arrière et recommencer. Mais si on prend une fausse route que l'on croit être vraie, il est très difficile d'y revenir pour recommencer. La bonne voie conduit à la liberté. Aussi faudra t il reconnaitre les critères qui définissent la liberté. Toujours est-il que la vraie liberté conduit à l'épanouissement. La liberté étant la capacité de se mouvoir suivant une vie basée sur l'observance des principes.

Le terme souffrance utilisé dans le monde religieux est L'**ENFER**. Et est semblable à la fausse voie que les hommes préfèrent suivre. Parfois, les décisions que nous prenons que se soit au niveau individuel, familial, national etc. nous font vivre un enfer comme les religieux savent si bien le prêcher. L'homme est le déclencheur de tout événement dans l'univers. Et puisque l'univers n'a pas été créé pour être négativement influencé, Par le truchement de la providence, un homme sera suscité pour déclencher le processus inverse, et faire faire payer aux hommes ce qu'il a subi injustement. La justice n'est pas seulement le fait de déclarer qu'un tel a tort où raison, mais aussi de faire réparer le tort causé. Cette décision frappera tous ceux qui ont pris la fausse voie consciemment ou inconsciemment. Parce qu'en le faisant, ils ont flagellé l'univers et son créateur. Les rendant incapables se s'exprimer de la manière qui les permette à s'exprimer dans leur toute totalité et atteindre l'extase pour l'avoir fait et de s'en réjouir infiniment. La perfection ne signifie pas qu'on ne pense pas comme les autres, mais qu'on prend responsabilité pour ses paroles et pour ses actes. C'est-à-dire qu'on fait ce qu'on dit et on dit ce qu'on fait. Il n'y a pas de contradiction entre le dire et le faire d'une telle personne. C'est une personne de cœur puisque la parole vient du cœur, c'est une personne Dieu, c'est un parent. Le fait de revenir sur une décision signifie que toutes les conditions pour réussir ne sont pas réunies pour l'aboutissement favorable des projets liés à cette décision. Donc le fait de revenir sur la décision c'est prendre responsabilité pour ces projets.

Dans la prise de décisions, il faut prendre en compte toutes les parties qui sont concernés par la vie afin que tous les êtres vivent en paix et en harmonie. Dans le cas où l'une des parties est mise à l'écart, il y aura beaucoup de difficultés pour atteindre les résultats escomptés. Et cela causera certainement les crises de tous genres. En réalité, trois parties sont concernées par la vie. Le créateur de l'univers, l'univers lui-même, et les êtres qui y vivent. Malheureusement, les preneurs des décisions excluent toujours DIEU dans la prise des décisions, tenant compte seulement des problèmes liés à l'environnement et des êtres qui y vivent. Et voila pourquoi des solutions définitives aux problèmes n'ont jamais pu être trouvées. Pourtant si Dieu avait été consulté lors de la prise des décisions, les hommes seraient mieux orientés par celui qui détient le cœur de père.

Lorsque le révérend MOON dit que Dieu est un véritable souffreteux, cela se comprend. Parce qu'Il a voulu écrire une histoire d'amour avec les deux partis en général et en particulier avec les hommes, Il n'en n'est fait mention de lui nulle part dans la prise des décisions. Quelquefois Il est même critiqué. Il part donc perdant dans cette histoire d'amour. Malgré tous les signes que l'univers fait voir à l'homme, il s'éloigne toujours de son créateur. D'où la mauvaise gestion des affaires religieuses, politiques et économiques. Dans cet embrouillamini, l'univers et le créateur se mettent ensemble et les hommes se trouvent en minorité, et les décisions sont handicapées.

Etre leader est très difficile dans la mesure où on y accède avec plusieurs motivations. Même si on a beaucoup de projets on pense aussi comment on sera glorifié par ses administrés, après certains résultats époustouflants. Parfois aussi on devient la marionnette du matériel, du pouvoir et de la gloire. On se laisse illusionner par ces choses et le résultat étant l'ignominie. Les leaders ont beaucoup de difficultés à rallier les hommes à leur cause. Mais si cette cause satisfait les parties concernées par l'existence idéale, on pourra réussir à avoir des alliés ; ce sera une minorité agissante contre une majorité indécise. Le fait d'être contesté ne signifie pas toujours qu'on est mal inspiré. Le résultat seul est significatif. Le leadership est un piédestal pour la gloire. Cependant, certains leaders religieux disent et font le contraire. Ce qui empêche leurs ouailles d'aller vers la perfection. Quand aux leaders politiques ils disent et essayent de faire ce qu'ils disent. Mais toujours est-il que dans leurs dires, on constate un langage péjoratif, qui ne fait pas allusion à Dieu le créateur, qui est le parent, et se limitent simplement aux faits. Un peut d'efforts dans ce sens leur ferra voir les choses différemment. Les divisions fragilisent l'harmonie et l'unité. Pourtant les leaders à tous les niveaux parlent de la paix. Comment peuvent-ils parler de la paix quand ils sont partiels dans leur dire et leurs actes. On comprend que ce n'est qu'une nébuleuse. Même si l'univers est fait de plusieurs inégalités, son harmonie est préservée. Par contre, les inégalités telles qu'elles se vont voir aujourd'hui, sont à l'origine des révoltes et d'insoumissions. On peut se justifier en disant que tout le monde ne peut pas être au même niveau. Qu'il ya toujours eu des grands et des petits, des forts et des faibles, des riches et des pauvres et que c'est une loi universelle. Parfois on compare même les doigts de la main disant que tous les doigts n'ont pas la même taille. Mais les doigts de la main ne se plaignent pas de leurs tailles inégales ni le fait que cela leur gêne ou fait mal à moins qu'ils leur soient arrivés un problème. Ce n'est qu'en ce moment qu'on peut ressentir le doigt qui fait mal. Par contre, ces hommes pauvres ou faibles sont des victimes, et ne peuvent pas se réjouir dans leur situation de pauvreté ou de faiblesse, même s'il ne leur est rien arrivé. Alors on est fort pour les faibles et l'on est riche pour les pauvres. Cette harmonie qui existerait entre les riches et les pauvres les faibles et les forts donnera une fierté à chaque être qui lui permettra de conserver sa dignité.

Dans le monde on peut voir les hommes déambuler partout à la recherche de la dignité, ou mieux de ceux qui peuvent leur reconnaitre cette dignité. Ils vont des religions en religion, d'églises en église, et aussi des pays en pays pour se refaire une place. Mais on ne trouve pas toujours mieux sur le plan spirituel et un peu mieux sur le plan physique. Etablir la différence qui existe entre la conquête du bien être extérieur et le bonheur intérieur est comme comparer le noir et le blanc. En réalité il est difficile de comprendre pourquoi les hommes préfèrent la facilité qui ne donne qu'une satisfaction éphémère à la recherche de la perfection qui est le centre d'un amour exaltant, qui est le désir le plus profond de tous les hommes. Qui réussira à extirper ce syndrome qui phagocyte les hommes et les tue à petit feu. La providence seule en est capable. Et c'est l'espoir de tous les hommes. Cependant, la providence elle-même a besoin d'un leader pour mener à bien cette tache si ardue. Ce leader est celui là que Dieu le créateur envoie pour déclencher le processus qui inverse le retour de l'homme corrompu vers l'homme moral, de la médiocrité à la connaissance, de la mort à la vie.

CONTENU

Printed by Books on Demand GmbH, Norderstedt / Germany